LEARN SPANISH WITH PEPE

Easy Stories in English and Spanish for 2-6 Year Olds

Contents

Story 1 **Pepe hace nuevos amigos .. 1**
Greetings **Pepe Makes New Friends**
♪ Hola   ♪ Adiós

Story 2 **La piscina de bolas 6**
Tidy Up **The ball pool**
Time! ♪ Recoger

Story 3
Colours

Veo veo............................ 17
I Spy...

♪ Los Colores

Story 4
Numbers

¡Qué sorpresa! 26
What a Surprise!

♪ Pompas. Los Números

The instructions to listen to the songs are on page 39

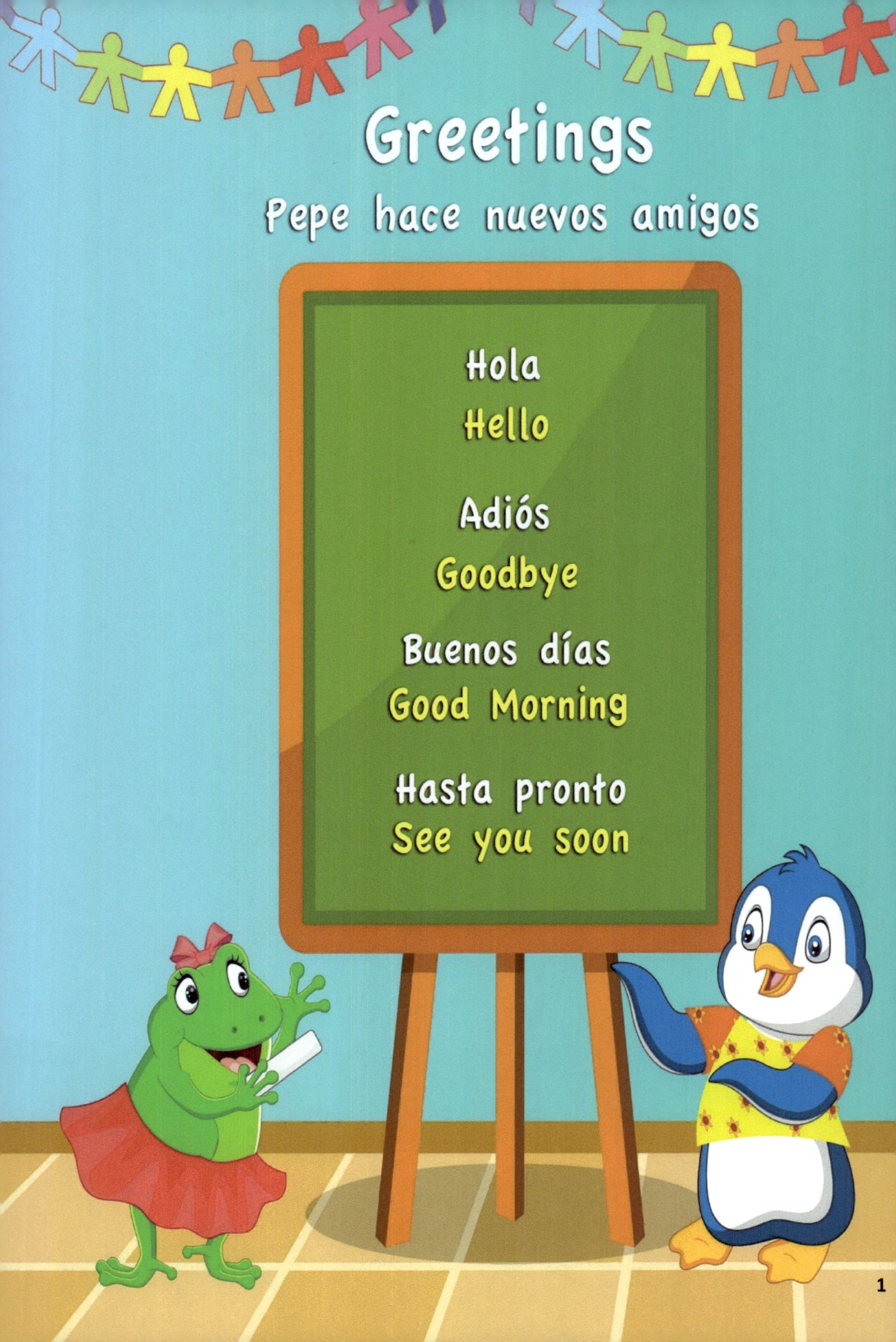

Greetings
Pepe hace nuevos amigos

Hola
Hello

Adiós
Goodbye

Buenos días
Good Morning

Hasta pronto
See you soon

Pepe está muy contento.
Hoy es su primer día en la guardería
y va a hacer muchos amigos.

Pepe is very happy. Today is his first day
at nursery and he is going to make
lots of friends.

La señorita Rita le recibe con ilusión.
Va a ser un gran día.

Miss Rita is happy to welcome Pepe
It's going to be a great day.

¡Buenos días!
Good morning!

Rafa la jirafa, Marcelino el pingüino
y Ana la rana saludan a Pepe.
Rafa the giraffe, Marcelino the
penguin and Ana the frog say
hi to Pepe.
¡Hola!
Soy Pepe.
Hello!. I'm Pepe

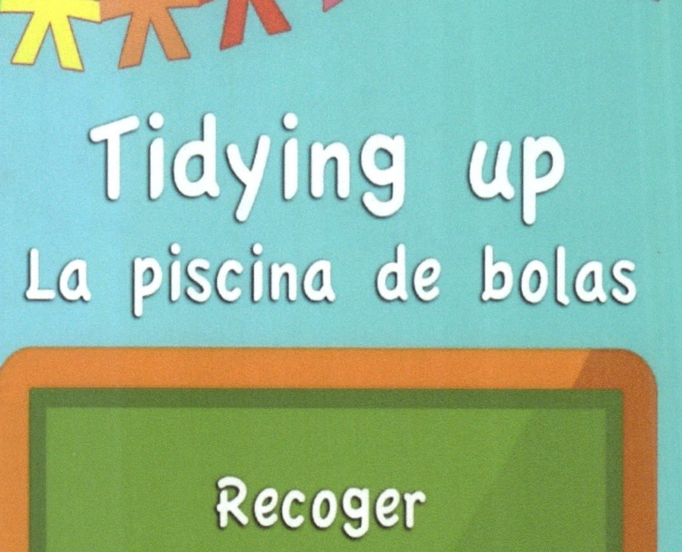

Tidying up
La piscina de bolas

Recoger
To tidy up

Ven aquí
Come here

Todos ayudamos
Everybody helps

Trabajo en equipo
Team work

Pepe y sus amigos se
divertían jugando juntos
en la piscina de bolas. ¡Genial!

Pepe and his friends were having
fun playing together in the ball
pool. Awesome!

¡Ven aquí, Pepe!
¡Ven aquí!
Come here, Pepe! Come!

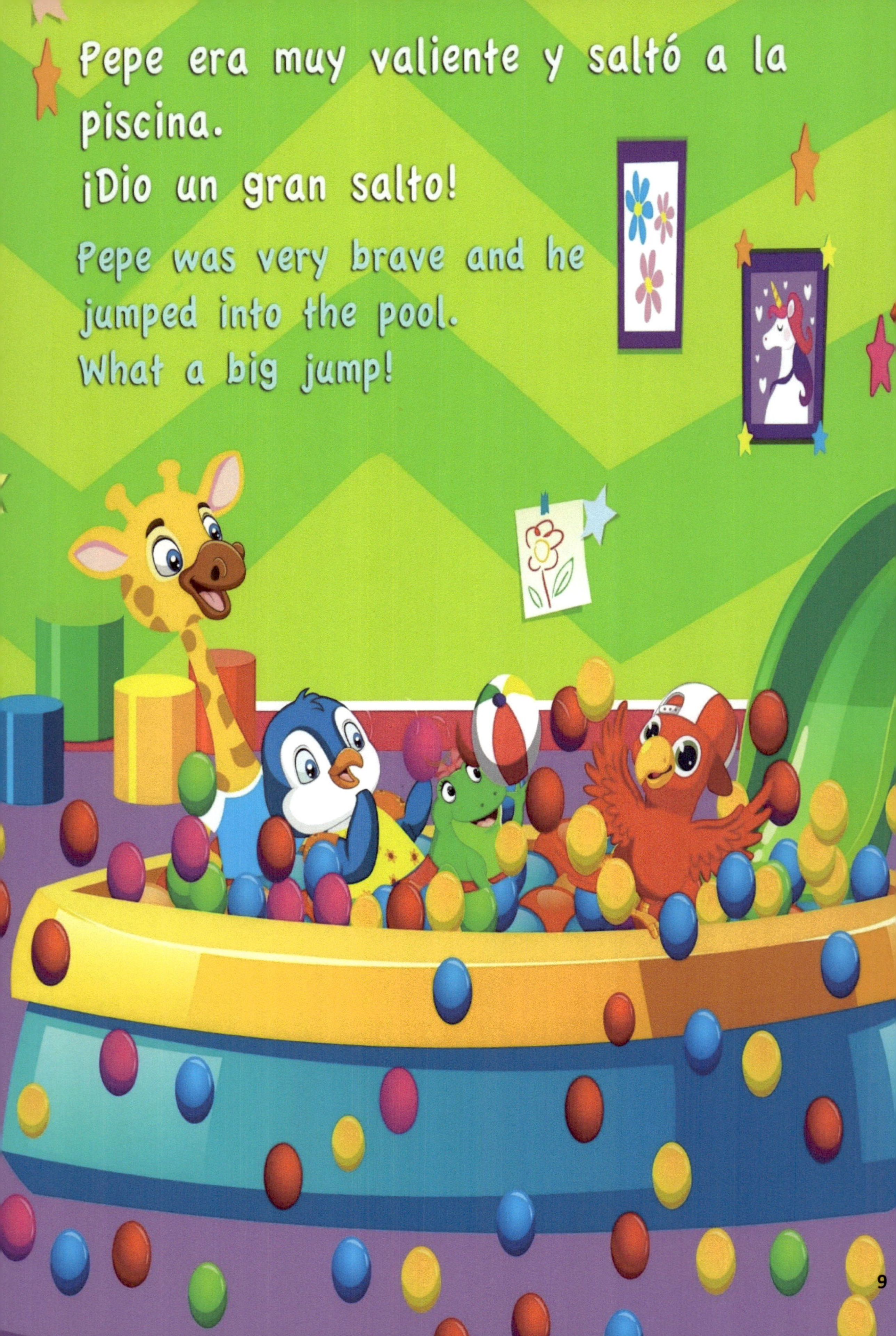

Pepe era muy valiente y saltó a la piscina.
¡Dio un gran salto!
Pepe was very brave and he jumped into the pool.
What a big jump!

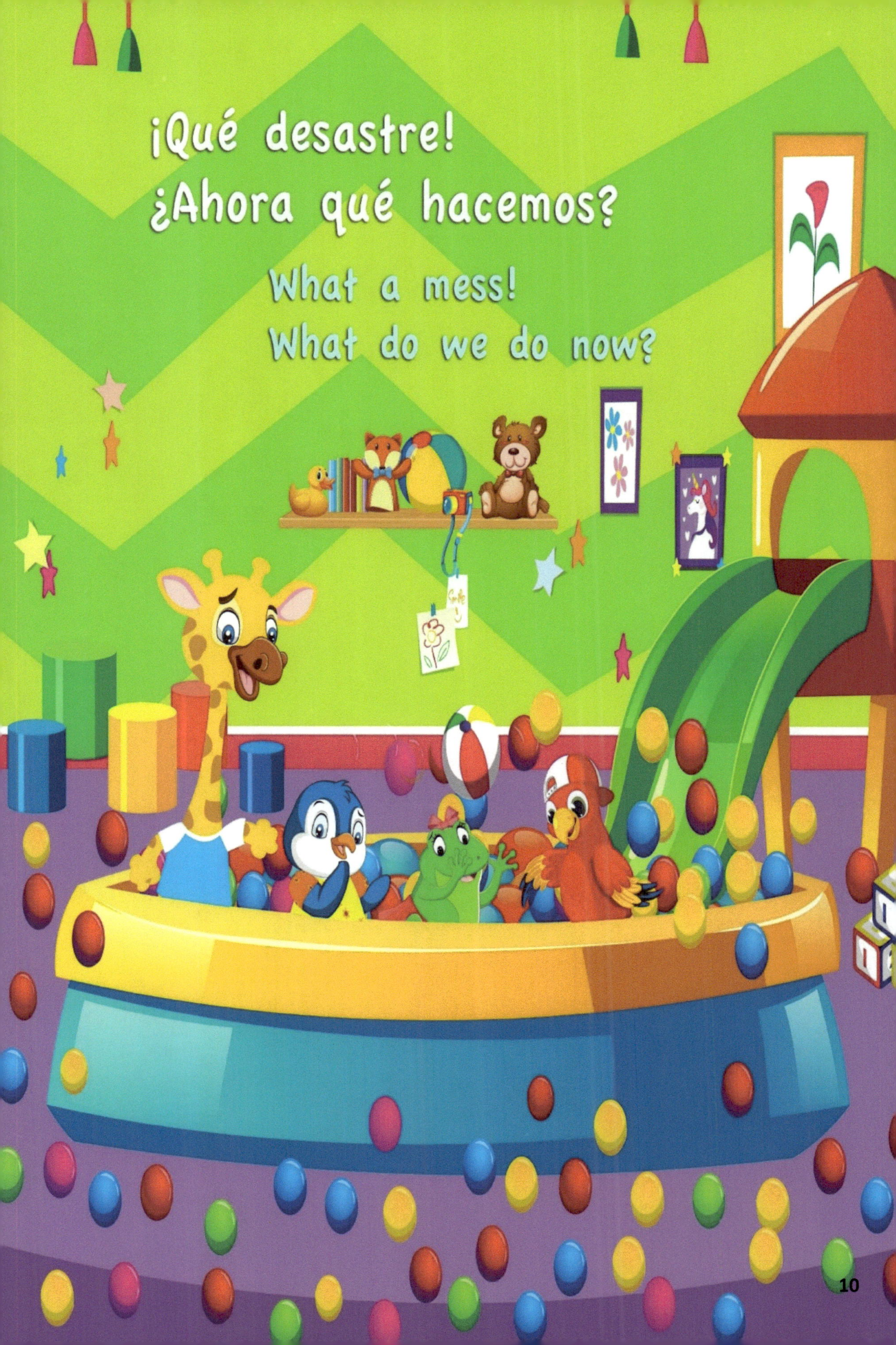
¡Qué desastre!
¿Ahora qué hacemos?
What a mess!
What do we do now?

Todos juntos se ponen a recoger. ¡Qué gran equipo!
Everybody starts tidying up. What a great team!

Pepe recoge las bolas de color
rojo y Rafa las amarillas.

Pepe picks up the red balls and
Rafa picks up the yellow balls.

Marcelino recoge las bolas azules
y Ana recoge las bolas verdes.

Marcelino picks up the blue balls
and Ana picks up the green balls.

¡Solucionado! Todo está recogido..
Han hecho un gran trabajo en equipo.
Pero de repente...
Done! Everything is tidy!
What a great team work.
But then...

¡Oh, no! ¡Qué desastre!
La señorita Rita ha tirado
todos los bloques sin
darse cuenta.

Oh, no! What a mess!
Rita has dropped all the blocks by accident.

¡No pasa nada! ¡Nosotros te ayudamos señorita Rita! Y todos los niños ayudaron a recoger.

It's ok! We can help Miss Rita! and all the kids helped to tidy up.

16

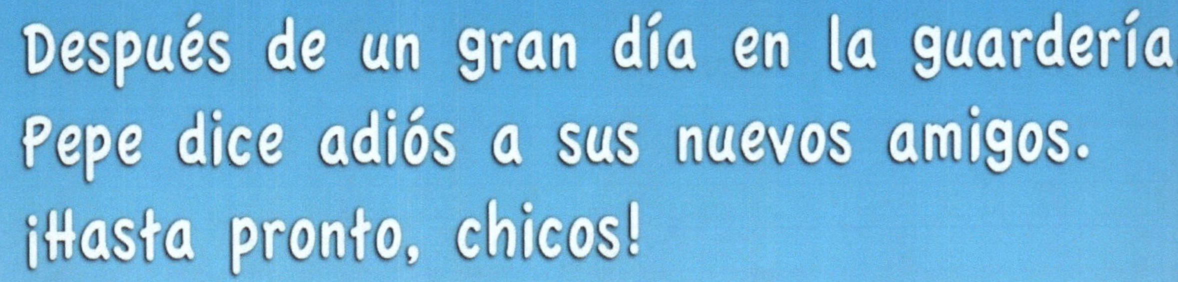

Después de un gran día en la guardería,
Pepe dice adiós a sus nuevos amigos.
¡Hasta pronto, chicos!

After a great day at nursery,
Pepe says goodbye to his new friends.
See you soon, guys!

Colours
Veo, veo

Rojo   Red
Amarillo Yellow
Verde   Green
Azul   Blue

Pepe y su madre juegan al veo veo
mientras van dando un paseo.

Pepe and his mum are
playing 'I Spy' while
they go for a walk.

- Veo veo una cosita de color rojo.
- ¡Un coche! - dijo la madre de Pepe.
- ¡Sí! ¡Has acertado, mamá!

- Veo, veo... una cosita de color verde.
- ¿Un árbol? - dijo Pepe.
- ¡Muy bien, Pepe!

"I spy, with my little eye,
something that is green."
"Is it a tree?" said Pepe
Yes, Pepe! You are right!

- Veo, veo... una cosita de color azul.
- ¿El cielo? - dijo la madre de Pepe.
- ¡Sí, mamá! ¡Lo haces genial!

''I spy, with my little eye,
something that is blue.''
''The sky?'' said Pepe's mum.
''Yes, mum! You are
doing great!''

- Veo, veo... una cosita de color amarillo-
dijo la madre de Pepe.

''I spy, with my little eye something that is
yellow.'' said Pepe's mum.

- Pero no veo nada de
color amarillo - dijo Pepe.

''But I can't see anything yellow'' said Pepe.

Pepe no veía nada amarillo.
¡Qué difícil! ¿Quién es ese?
¡Es el mono Luis! ¡Hola, Luis!

Pepe couldn't see anything yellow.
This game is very hard.
Who is that? It's Luis the monkey!
Hi, Luis!

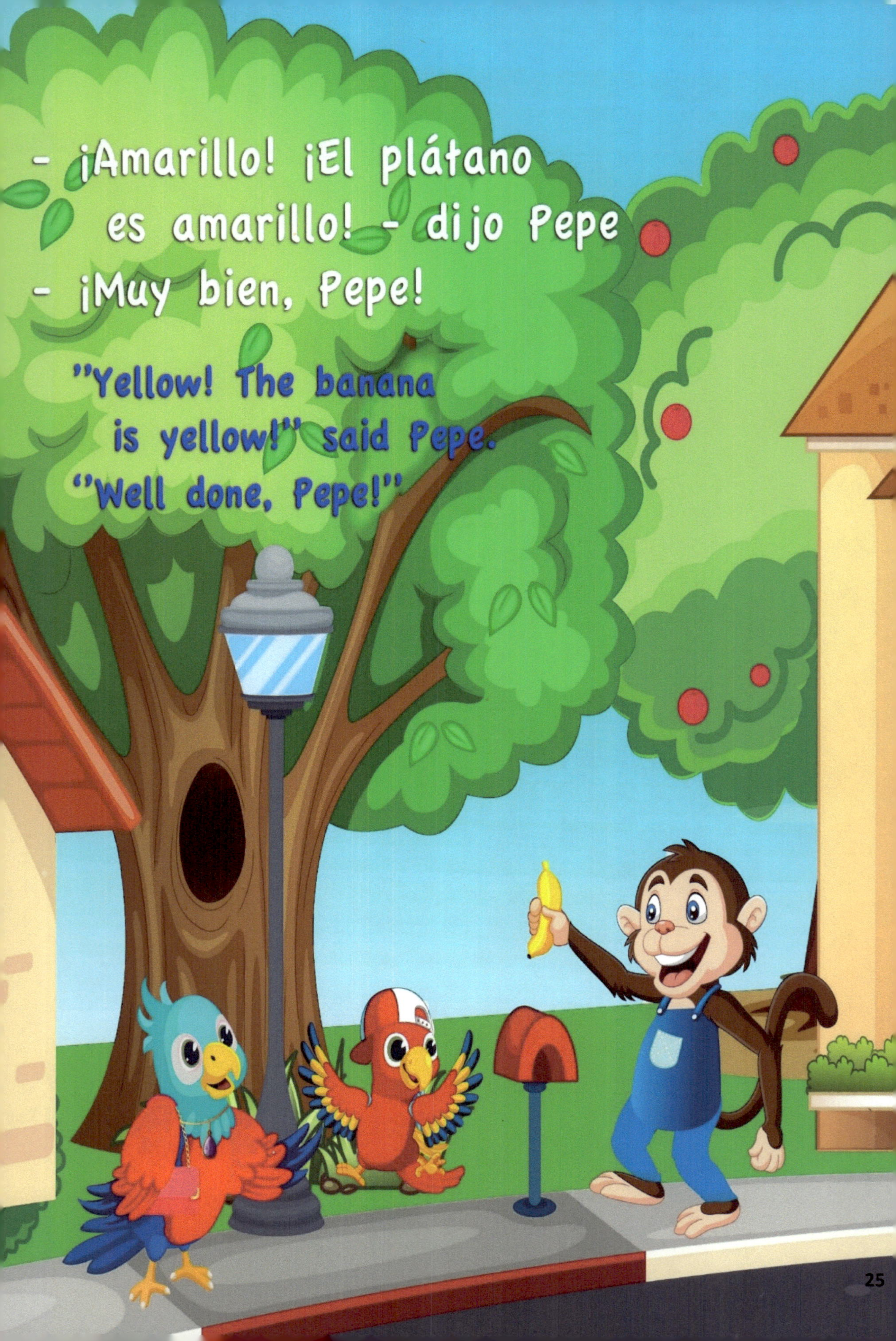

- ¡Amarillo! ¡El plátano
  es amarillo! - dijo Pepe
- ¡Muy bien, Pepe!

"Yellow! The banana
is yellow!" said Pepe.
"Well done, Pepe!"

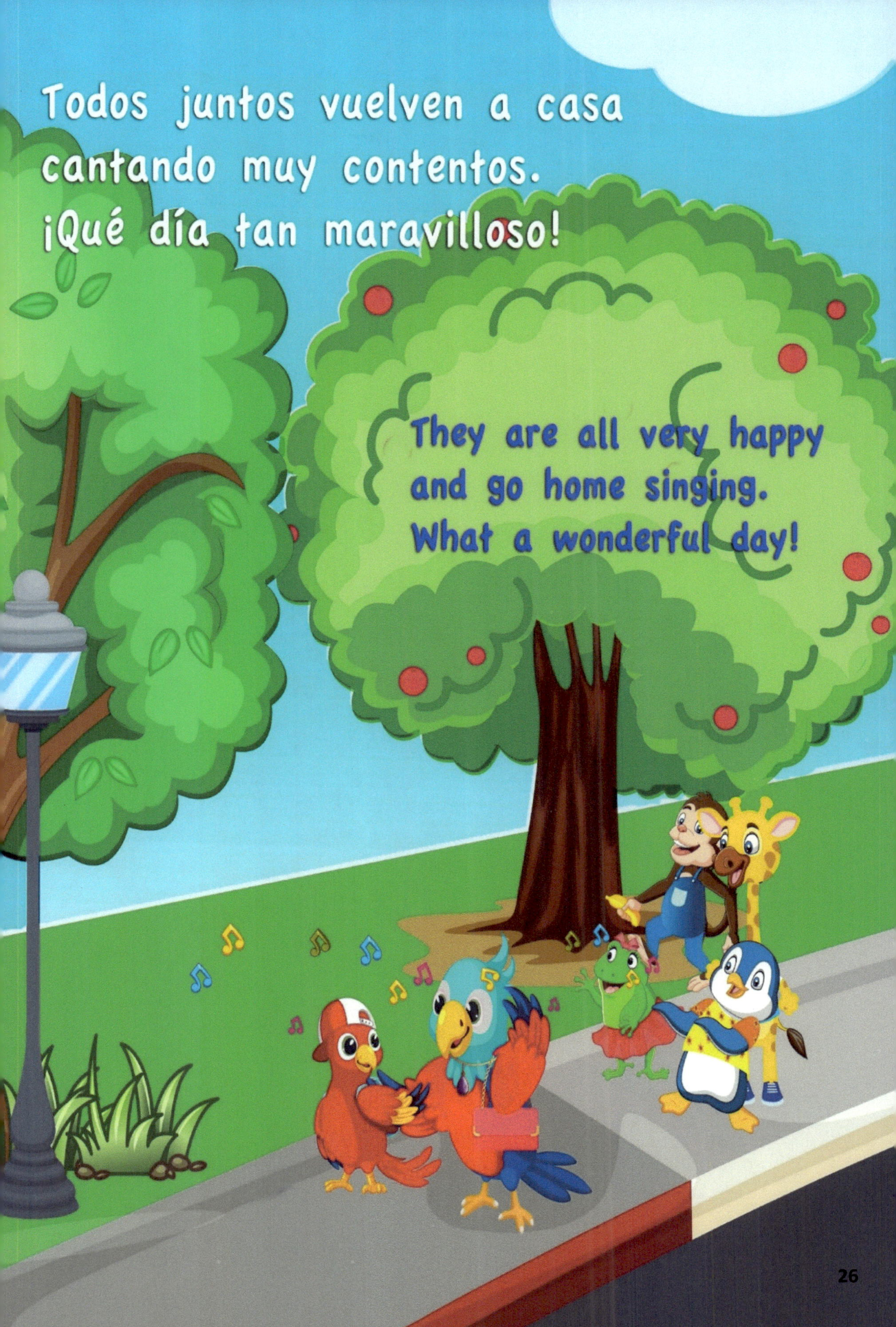
Todos juntos vuelven a casa
cantando muy contentos.
¡Qué día tan maravilloso!

They are all very happy
and go home singing.
What a wonderful day!

Numbers

¡Qué sorpresa!

1	Uno	One
2	Dos	Two
3	Tres	Three
4	Cuatro	Four
5	Cinco	Five

Pepe ha invitado a sus amigos a jugar.
Su madre ha preparado unas galletas
de chocolate riquísimas.

Pepe has invited his friends
to play. His mum has
prepared some
chocolate cookies.

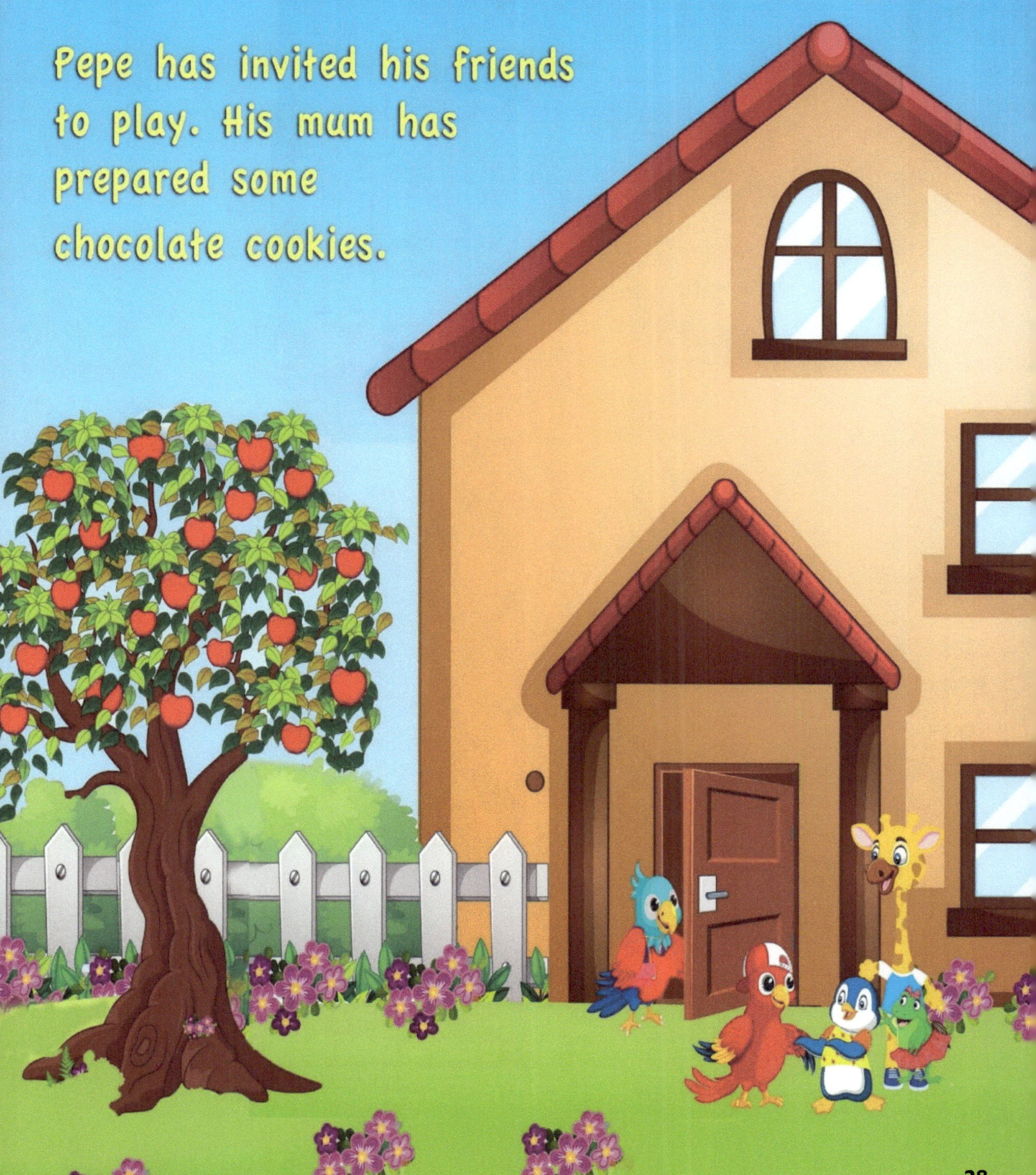

¡Vamos!
Let's go!

Los niños suben a
lavarse las manos
antes de merendar.

The kids run upstairs
to wash their hands
before they eat.

Mientras Pepe y sus amigos se lavaban las manos, Ana empezó a jugar con el jabón. ¡Qué divertido! ¡Pompas!

While Pepe and his friends were washing their hands, Ana started playing with the soap. How fun! Bubbles!

Ana la rana sopló tan fuerte
que hizo una pompa gigante.
¡Genial!

Ana the frog blew
so much that she
made a giant bubble.
Amazing!

1

Rafa la jirafa sopló y salieron dos pompas. Uno, dos.

Rafa the giraffe blew and two bubbles came out. One, two,

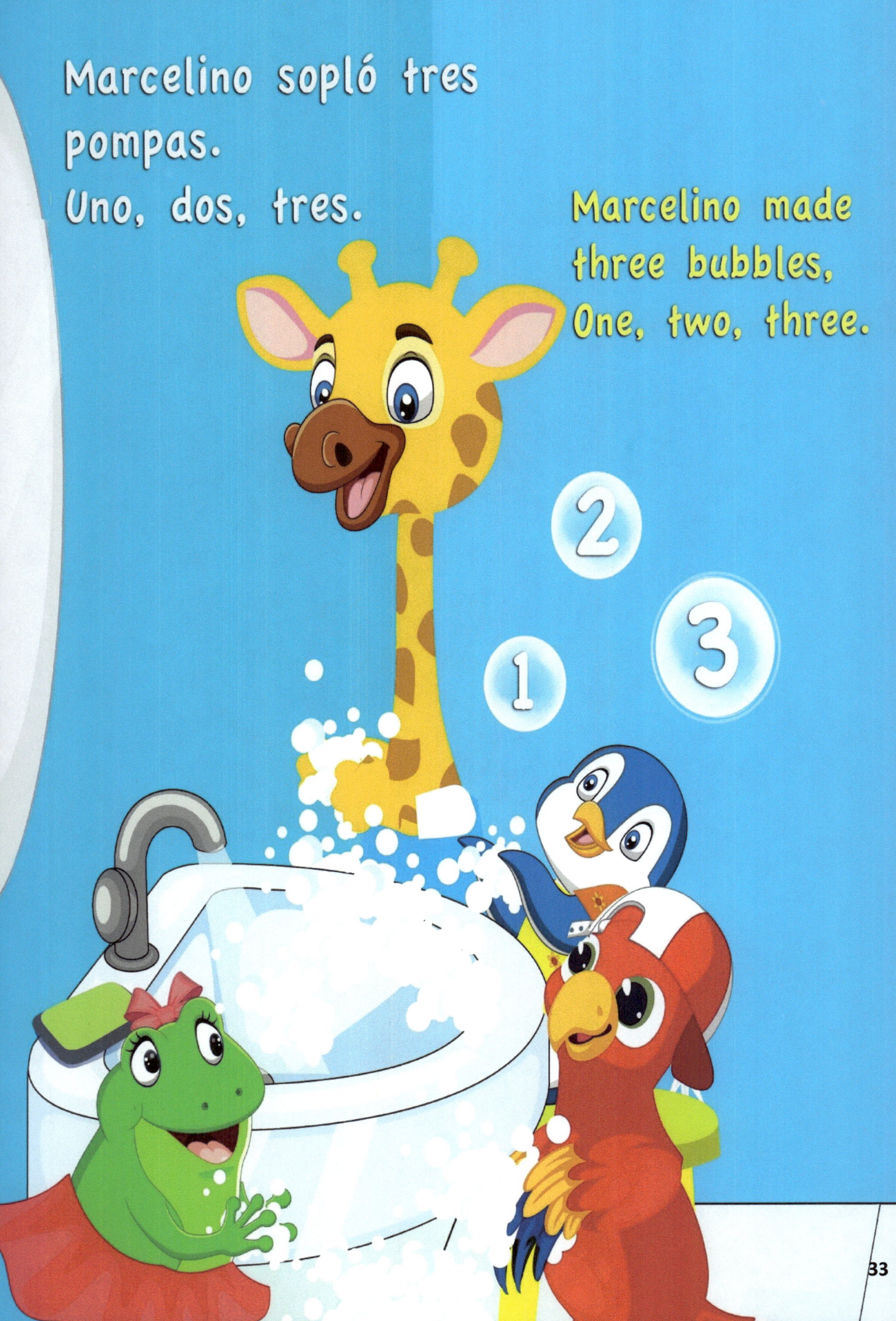

Marcelino sopló tres
pompas.
Uno, dos, tres.

Marcelino made
three bubbles,
One, two, three.

1
2
3

Ana la rana sopló y salieron cuatro pompas.
Uno, dos, tres, cuatro.

Ana the frog blew and four bubbles came out.
One, two, three, four.

Pepe sopló mucho y consiguió hacer cinco pompas. ¡Estupendo! Pero de repente...

Pepe blew so much that he made five huge bubbles. Incredible! But suddenly...

Había tantas pompas
que...¡Vaya sorpresa se
llevó la madre de Pepe!

There were so many bubbles
in the bathroom. Pepe's mum was
very surprised!

¡Qué traviesos son y qué
limpitos han quedado todos!

Look at these cheeky monkeys!
What have they done!
Tonight no one will need a bath

¡Por fin! ¡Galletas de chocolate para todos!
¡Qué ricas! Así nos despedimos de nuestros
amigos. ¿Qué otras aventuras tendrán?
¡Pronto lo averiguaremos! ¡Hasta la próxima!

Finally! Chocolate cookies for everyone! Yummy!
But now it's time to say goodbye to all our friends.
What other aventures will they have? We will see!

See you soon!

Songs

All the songs are available on the following music platforms: Spotify, Soundcloud, Youtube, Apple Music, Tidal, Amazon Music, Deezer and Google Music.

You will find us if you search for HeySpanish.

Also, you can find the videos with the lyrics on our Youtube channel "HeySpanish UK".

The following QR codes will take you to our music profiles. You will need a QR code reader app to use them.